UN CHAPITRE

DE

L'HISTOIRE DE LA COMMUNE

AU QUARTIER

SAINT-MARCEL

Publié sur des Documents recueillis

PAR

M. DE BONNEUIL

Président de la Conférence de Saint-Marcel.

PARIS

ADOLPHE JOSSE, ÉDITEUR

31, RUE DE SÈVRES, 31

1872

UN CHAPITRE

DE

L'HISTOIRE DE LA COMMUNE

AU QUARTIER

SAINT-MARCEL

La Commune de Paris n'a vécu que deux mois; mais, dans ce court espace de temps, elle a déployé une telle activité, que celui qui sera chargé d'en écrire l'histoire y trouvera certainement la matière de plusieurs volumes, s'il veut raconter tous les épisodes de ces sanglantes et folles saturnales. Je n'ai à retracer ici qu'un petit coin du tableau qui m'intéresse particulièrement, parce qu'il a pour théâtre un quartier que j'affectionne depuis longtemps, et où j'ai été appelé depuis dix ans à présider la Conférence de Saint-Vincent-de-Paul. Je le ferai bien imparfaitement sans doute, car je n'ai pas été témoin oculaire des faits que je vais raconter; j'étais absent de Paris à cette époque, d'autres devoirs m'avaient appelé dans un département envahi par les armées étrangères, et quand j'aurais voulu rentrer dans Paris cela m'eût été impossible. Mais j'y avais des amis et des confrères qui m'ont confié des notes et des documents authentiques, en me priant de les coordonner et d'en faire, autant que possible, une espèce de mémoire qui ne sera pas sans intérêt pour les âmes charitables que les liens de la bienfaisance attachent à ce quartier de Saint-Marcel, où se rencontrent tant de misères et aussi, il faut le dire, tant d'actes de vertu et de dévouement.

La charité y a fondé un grand nombre d'établissements et parmi eux, je mettrai en première ligne la maison de secours située rue du Banquier, n° 2, non loin du boulevard de l'Hôpital.

Là, sous la direction d'une sœur supérieure dont tous ceux qui la connaissent apprécient les éminentes qualités de l'esprit et du cœur, sont groupées plusieurs œuvres, qui toutes tendent au soulagement et à l'amélioration matérielle et morale des populations pauvres de ce quartier, l'un des plus misérables de Paris. On y trouve donc : une école, une salle d'asile pour l'enfance, un patronage et un orphelinat pour les jeunes filles, un asile pour les vieilles femmes. Toutes ces œuvres sont conduites par nos admirables sœurs de Saint-Vincent-de-Paul, avec autant d'intelligence que de dévouement. Et pourquoi ne nommerais-je pas ici leur digne supérieure, la bonne sœur Amélie ?

Je ne puis craindre de lui donner de l'orgueil, elle sait depuis longtemps que tout don parfait vient de Dieu et descend du père des lumières, et que tout honneur et toute gloire doivent par conséquent lui être renvoyés ; elle est donc accoutumée à n'en rien garder pour elle. Craindrai-je de blesser son humilité? pourquoi ? Il faut bien que justice soit rendue à qui de droit; la justice n'est pas de la flatterie, et si je me taisais les pierres mêmes parleraient.

Le nouveau gouvernement qui s'était installé à Paris sous le nom de la Commune, ne devait laisser en paix aucun de ces établissements charitables que la religion avait ouverts pour l'instruction, la moralisation et le soulagement des misères du peuple, et dès le 18 mars 1871, une première expédition était dirigée contre la maison de la rue du Banquier. Vers dix heures du matin, un nombreux piquet du 101e bataillon vint entourer la maison ; leur chef se présenta à la pharmacie et demanda assez poliment la permission de s'asseoir dans la salle d'attente. C'était une manière d'entrer en conversation et après avoir demandé aux pauvres sœurs si elles étaient bien effrayées de voir tant de monde autour d'elles, il les assura qu'on ne leur ferait pas de mal.

— Mais, ajouta-t-il, nous ne voulons plus de prêtres, ni de religieux ou religieuses, tout cela sera renvoyé; je sais ce qu'ils valent, j'ai été élevé jusqu'à dix-neuf ans dans un séminaire ; mais maintenant je suis libre-penseur, chacun doit être libre de faire ce qu'il veut, nul n'a le droit de forcer les malades à voir un prêtre.....

Et en disant cela notre homme se rengorgeait avec tout l'aplomb de l'orgueil satisfait.

Toute cette journée se passa en manœuvres autour de la maison ; on prenait les armes, puis on les remettait en faisceaux, on allait et venait tout en recommandant aux sœurs de dire à leurs orphelines de n'avoir pas peur, parce qu'on ne leur ferait aucun mal.

— Mais, ajoute la bonne sœur qui m'a fait ce récit, ce qui me rassurait, ce n'étaient pas ces promesses mensongères, mais bien la protection de saint Joseph que nous sollicitions de tout cœur; nous avions fait bénir un cierge, il brûlait devant la statue de ce glorieux patriarche. Lorsque ces hommes nous quittèrent à sept heures du soir, notre cierge était consumé.

La maison rentra dans le calme ordinaire, les classes se rouvrirent et tout se faisait comme par le passé, lorsque le 13 avril, vers deux heures de l'après-midi, un délégué de la Commune accompagné de six gardes nationaux se présenta à la maison demandant à parler à la supérieure. Il entra avec un seul homme et un jeune enfant de quatorze à quinze ans, qui se vantait d'être à la suite de ses chefs, et dont la figure intéressante et naïve n'aurait jamais fait supposer qu'il fût au service de pareils hommes.

Ces messieurs, à leur entrée dans la salle où toutes les sœurs étaient réunies, ne purent dissimuler une certaine émotion, et le délégué de la Commune dit d'un air assez embarrassé :

— Nous voudrions entrer dans le cabinet de madame la supérieure.

— Voici, monsieur.

— Mais, madame, je ne voudrais pas que ces dames fussent effrayées, dites-leur, je vous prie, que nous ne voulons en aucune façon les troubler.

— Monsieur, nos sœurs n'ont pas peur, depuis longtemps nous vous attendions. Mais, monsieur, toute perquisition doit émaner d'une autorité supérieure ; quels sont vos titres et quel est le but ou le motif de cette perquisition ?

— Quant à l'autorité dont je suis revêtu, reprit le délégué, je vous laisserai un écrit qui vous dira quels sont mes pouvoirs. Pour le moment, voyez ! (et ouvrant son paletot, il montra son écharpe rouge) ; quant au motif, la perquisition elle-même vous le dira assez, veuillez me montrer votre caisse.

— Notre caisse, monsieur, mais nous n'en avons pas. Qui dit caisse suppose un mouvement d'argent qui ne se fait jamais ici.

— Votre secrétaire alors, madame, veuillez l'ouvrir vous-même.

— La chose est un peu dure, monsieur, mais puisqu'il le faut... et la bonne sœur ouvrit son secrétaire.

— Ouvrez vos bourses, ma sœur.

Ces bourses contenaient les aumônes relatives à chacune des œuvres de la maison, et un pieux usage les avait fait mettre toutes sous la protection spéciale d'un saint, dont la médaille en cuivre jaune brillait au fond de chaque bourse. La bonne sœur dut faire remarquer au délégué que ce n'était pas une pièce d'or, et qu'au surplus le trésor était si mince, qu'elle ne saurait comment payer les fournisseurs à la fin du mois.

— Vous avez sans doute un livre de recettes, dit celui des gardes nationaux qui était entré avec le délégué.

— Monsieur, répondit la sœur, l'administration ne nous donne pas de fonds, point de secours en argent, donc, monsieur, aucun livre n'est nécessaire. Ce que l'administration nous donne pour notre entretien, nous n'en devons compte à personne.

Toute la maison fut ainsi visitée jusqu'à la cave, où l'un de ces messieurs se fit conduire par deux sœurs, en les assurant qu'il n'y avait rien à craindre, et qu'on verrait bien que les faits dont on accuse la Commune n'étaient pas vrais. En effet, cette visite faite par un seul homme conduit par les deux sœurs, ne fut que pour la forme.

Rentré à la pharmacie, le délégué demanda qu'on voulût bien lui donner un certificat constatant que la visite avait été faite convenablement, et que rien n'avait été pris. A leur tour, les sœurs demandèrent qu'on leur laissât un écrit qu'elles pussent présenter à ceux qui voudraient renouveler cette visite. Le délégué leur remit alors une déclaration sur une feuille de papier ayant une entête imprimée, et constatant que cette visite ayant été faite par ordre de l'assistance publique, ne pourrait être faite par d'autre que par lui ; la feuille portait la signature Hamet.

Dans le courant du même mois et peu de jours après cette visite, un M. Sebert se présenta à la maison avec une lettre du citoyen Léo Meillet, maire du 13ᵉ arrondissement, pour prendre des renseignements sur l'école, et voir quel personnel il devrait amener pour remplacer les sœurs.

— Ma sœur, dit-il en s'adressant à la supérieure, tout se passera convenablement. Si je ne suis pas à Cayenne d'ici quinze jours et si la Commune existe encore, vous serez remplacées ; mais si je suis à Cayenne, si la Commune est tombée, vous conserverez votre école. La même mesure est prise par l'assistance publique, et puis pendant quinze jours encore, vous pourrez porter votre costume, si vous continuez comme établissement libre, mais après ce temps, il n'y aura plus de costume religieux dans Paris, bien entendu si je ne suis pas à Cayenne et si la Commune existe.

— Comment ! monsieur, lui dit la bonne sœur, vous êtes si peu sûr de la durée de la Commune et de ses succès, et vous allez si vite en besogne ! Cela me paraît surprenant.

— Ah ! ma sœur, c'est que la Commune a foi en ses œuvres.

Puis il se mit à déclamer contre le gouvernement, contre les riches, contre les édifices publics, contre le luxe, et cela dans de tels termes et de si étrange façon, que les pauvres sœurs furent contraintes de baisser les yeux en joignant les mains sans dire un seul mot.

Plus tard, quand Paris était en feu, on se ressouvint que cet homme avait dit : « Quand donc verrons-nous tous ces monuments élevés par l'orgueil des grands consumés et anéantis ? »

Cependant les sœurs ne furent plus inquiétées jusqu'au dimanche 7 mai. Ce jour-là, vers dix heures du matin, deux gardes nationaux du 42e bataillon, apportent une lettre de M. Léo Meillet, annonçant que le décret de la Commune sur la séparation de l'Église et de l'État aurait son accomplissement dans le 13e arrondissement, à partir du lundi 8 mai; en conséquence, les sœurs devaient laisser le local libre dès le dimanche soir. Les gardes nationaux qui avaient été chargés de porter ce stupide message de la Commune, étaient deux bons et excellents pères de famille qui, comme tant d'autres, hélas ! obéissaient sans résistance, mais à regret, à la tyrannique domination de l'Hôtel de ville; aussi ces pauvres gens avaient-ils les yeux pleins de larmes, en s'adressant à la sœur Amélie.

— Ma sœur, lui dirent-ils, avec un accent indéfinissable d'attendrissement, la Commune joue de son reste, n'abandonnez pas votre maison, les personnes qu'on met pour vous remplacer ne resteront pas; on nous envoie pour vous surveiller, nous n'en ferons rien, prenez ce qui est à vous. dans vos classes, mettez-le en sûreté, ayez patience; de meilleurs jours succéderont à ces jours malheureux; soyez assurées que nous sommes des hommes d'ordre et que nous souffrons de ce qu'on vous fait aujourd'hui. Non, ajoutaient-ils, on ne peut vivre sans religion. Ma sœur, courage, patience, ça ne peut pas durer.

Le lendemain 8 mai, dès sept heures du matin, huit citoyennes furent installées dans les classes par quelques gardes nationaux sans armes et qui sans doute faisaient partie de l'enseignement public.

Toute la rue était en émoi. Les parents des enfants s'étaient réunis en foule pour voir qu'elles étaient les nouvelles institutrices, et il faut dire que les dispositions du public ne leur étaient pas favorables. Les enfants ne voulaient pas monter dans les classes malgré les bonbons et les sucres d'orge qu'on leur présentait pour les attirer; les garçons eux-mêmes se mettaient de la partie et insultaient les citoyennes avec tous les gestes si familiers aux gamins de Paris.

Quelques pauvres petits chiffonniers, que les sœurs recueillaient le dimanche pour les préparer à la première communion, fondaient en larmes.

—Eh quoi! disaient-ils, nous ne pourrons donc plus revenir le dimanche! C'était pourtant pas mal de nous faire la classe... il faut de la religion... pourquoi ne veut-on plus de sœurs ? Notre sœur Joséphine était si bonne !...

Enfin, le calme se fit, quelques enfants entrèrent en classe, les autres retournèrent chez leurs parents. Cependant les sœurs n'avaient pas quitté maison où elles continuaient à habiter, n'ayant livré que les classes aux institutrices laïques. Mais, pour mettre leurs orphelines en sûreté, elles les avaient envoyées dans une petite maison située rue Jenner, et qui appartenait en propre à madame la supérieure. Les enfants étaient là, sous la surveillance et la direction d'une pieuse demoiselle, qui avait toute la confiance des sœurs et qui la méritait. Les suppôts de la Commune devaient bientôt venir troubler cet asile. Deux jours après, en effet, une de ces femmes, dont le type ne se trouve qu'à Paris, et dont se composa plus tard le personnel des pétroleuses, se rendait à la mairie et là, dénonçait les sœurs comme ayant déménagé et emporté tout le mobilier dans leur maison de la rue Jenner. Elle revint vers onze heures du soir, accompagnée d'un détachement du 177ᵉ bataillon de la garde nationale, auquel elle indiqua la maison de la rue Jenner. Une partie de ces hommes se dirigea vers le lieu indiqué, tandis que les autres cernaient la maison de la rue du Banquier, où les sœurs dormaient tranquillement, ne se doutant de rien.

Arrivés rue Jenner, les gardes, ivres pour la plupart, se mettent à frapper la porte avec la crosse de leur fusil. Les enfants, réveillées en sursaut, entendirent des cris furieux :

— Ouvrez au nom de la loi ! Capitaine, défoncez la porte !

Une jeune fille ouvre la fenêtre et demande ce qu'on veut.

— Nous voulons voir les sœurs.

— Elles ne sont pas ici.

— Ouvrez toujours, ou nous enfonçons les portes et nous vous fusillons.

Deux des plus grandes, accompagnées de la surveillante, vinrent alors ouvrir, et douze hommes armés se précipitent dans la maison en criant :

— Où sont les sœurs ?

— Les sœurs sont chez elles, rue du Banquier, il n'y en a pas ici.

— Ce n'est pas vrai ; nous les trouverons ainsi que tout ce qu'elles ont emporté de la maison.

Et ils se disposaient à monter au dortoir.

— Arrêtez, messieurs, dit la vénérable demoiselle, vous ne monterez que quand tous les enfants seront levées et descendues.

Ils attendirent quelques instants et le capitaine monta seul. Les plus jeunes filles n'avaient pas fini de s'habiller, les pauvres petites, tout effrayées, pleuraient à chaudes larmes. Le capitaine les caressa en les assurant qu'il ne leur ferait pas de mal. Cependant il furetait dans tous les coins et jusque sous les lits, sans rien trouver bien entendu. Alors une enfant de onze ans s'approcha de lui et joignant les mains, lui dit :

— Monsieur, je vous en prie, ne touchez pas aux petits paquets que vous voyez dans ce coin : ils sont à nous. Dans le mien, monsieur, j'y ai tout ce qui me reste de maman, et maman est morte. Monsieur, n'y touchez pas.

Et l'enfant pleurait plus fort en achevant ces mots.

Le capitaine était lui-même très-ému.

— Non, non, mon enfant, je ne prendrai rien ; garde ton petit paquet. Moi aussi, j'ai des petits enfants, j'en ai cinq. Allons, recouchez-vous, mes enfants, n'ayez pas peur et dormez.

Et il redescendit.

— Eh bien ! qu'avez-vous vu, capitaine? dirent les autres.

— Rien que de charmantes enfants.

Cependant les plus grandes étaient descendues et entouraient les gardes nationaux qui, le revolver à la main, cherchaient à les intimider.

— Dites-nous où sont les sœurs et où elles ont caché ce qu'elles ont emporté; si vous ne le dites pas, nous vous fusillons.

Les enfants répondirent avec beaucoup de fermeté:

— Les sœurs sont chez elles, rue du Banquier; nous ne savons pas si elles ont déménagé, et, si nous le savions, nous ne vous le dirions pas. Cette maison, messieurs, n'est pas à l'administration, ni même à la communauté; elle est à ma sœur supérieure, vous n'avez pas le droit d'y venir.

— Bah ! bah ! reprit un de ces hommes, ce que vous dites là, mesdemoiselles, ce sont des phrases jésuitiques, mais nous ferons disparaître tout cela. Les sœurs partiront, nous vous donnerons des dames qui vous donneront une instruction plus raisonnable. Vous n'aurez pas besoin de tant travailler et vous en apprendrez davantage.

Les enfants étaient indignées ; deux d'entre elles se jettent à genoux au milieu du grand terrain qui entoure la maison : il était minuit ; elles récitent à haute voix un *Souvenez-vous* que répètent leurs compagnes, tandis que ces hommes les accablaient de questions auxquelles elles ne pouvaient répondre. L'un d'eux même se permit de tels propos, que le capitaine se crut obligé de lui imposer silence.

Cependant ils cherchaient toujours et voulaient trouver des objets classiques ; l'un d'eux vit un paquet de livres ; il l'ouvrit et dit aux autres :

— Ce sont des vies de saints.

C'était l'histoire de France. Il est probable que l'individu ne savait pas lire..

Nos pauvres sœurs, pendant ce temps-là, étaient tranquilles dans leur maison de la rue du Banquier et ne se doutaient pas de ce qui se passait rue Jenner, ni qu'elles-mêmes étaient gardées à vue. Elles s'en aperçurent à quatre heures du matin, en voyant leur maison cernée par les gardes nationaux. Vers cinq heures et demie, la sœur Amélie descendit, et, s'adressant aux gardes, leur dit :

— Il nous est bien permis, je pense, de circuler dans la maison.

— Certainement, ma sœur.

— Eh bien ! les n°s 6 et 8 de la rue font partie de notre maison ; nous y logeons des femmes âgées et des enfants ; il faut donc que nous nous y rendions.

— Non, cela n'est pas possible ; il faut une permission du capitaine.

Celui-ci arriva heureusement et laissa toute liberté de circuler d'une maison à l'autre. Il était près de six heures du matin, heure à laquelle les sœurs se rendaient tous les jours à l'église de Saint-Marcel pour entendre la messe. La sœur Amélie, s'adressant au capitaine, lui dit :

— Monsieur le capitaine, nous avons l'habitude d'aller chaque jour à la sainte messe ; aujourd'hui nous devions faire la sainte communion. Pour moi, je m'en priverai, parce que mon devoir est d'être ici ; mais, pour nos sœurs, il faut qu'elles sortent pour se rendre à l'église. J'y tiens absolument.

— Non, madame, personne ne peut sortir, c'est la consigne.

— La consigne, monsieur, qui l'a donnée, si ce n'est vous ? Vous pouvez, si vous voulez, accompagner nos sœurs, vous entendrez la messe avec elles et vous les ramènerez.

— La messe... la messe... cela n'entre pas dans ma manière de voir. Eh bien ! je le prends sur moi ; soit ! que ces dames aillent à la messe.

Les bonnes sœurs ne se le firent pas dire deux fois et partirent pour l'église, tandis que la sœur Amélie restait à la maison sous la garde du capitaine et de ses hommes.

Une bonne voisine accourait en ce moment à la pharmacie, demandant du secours pour un pauvre charretier qui venait d'être blessé d'un coup de pied de cheval, et, voyant les sœurs en quelque sorte prisonnières, présenta sa requête au capitaine.

— Oui, certes, répondit celui-ci d'un air protecteur et prétentieux, que ces dames fassent leurs bonnes œuvres, nous ne voulons les gêner en rien. Voyez-vous, ma sœur, il n'y a qu'une chose qui nous déplaise, c'est votre costume.

— Monsieur, dit la sœur Amélie, nous nous sommes consacrées à Dieu pour le servir dans la personne des pauvres, et, portant cet habit, nous ne le quitterons pas. Si vous ne nous voulez pas ainsi vêtues, nous irons ailleurs.

— Oh! non, ma sœur, ce n'est pas cela que je veux dire.

On ignorait encore, rue du Banquier, la visite faite, pendant la nuit, rue Jenner. La sœur, craignant que les enfants qui y étaient ne fussent effrayées de la présence des gardes, rue du Banquier, donna des ordres pour qu'on allât les chercher et les prévenir. Le capitaine lui dit alors :

— Vos enfants, ma sœur, je les ai vues; elles sont on ne peut plus intéressantes, et, si vous permettez, je vais accompagner la personne qui va les chercher.

Et il partit sans attendre la réponse, laissant la pauvre sœur stupéfaite de ce qu'elle apprenait et ne comprenant pas bien encore ce qui s'était passé.

Elle en eut bientôt l'explication, car, la jeune fille qu'elle avait envoyée rue Jenner revint avec le capitaine et toutes les enfants. Elle était encore dans la rue et criait de toutes ses forces :

— Oh ! ces monstres, ma mère ! Croiriez-vous ce qu'ils ont fait ? Ils sont allés, à onze heures du soir, réveiller et effrayer les enfants.

Celles-ci arrivaient alors et se jetèrent dans les bras de la bonne sœur ; leurs yeux disaient assez combien elles avaient pleuré ; les plus petites voulaient lui persuader qu'elles n'avaient pas eu peur, et leurs larmes coulaient encore et elles tremblaient de tous leurs membres. Il fallait mettre en sûreté tout ce petit troupeau. Ce fut bientôt fait, grâce à la charité de quelques honnêtes familles et des anciennes du patronage, qui se partagèrent les enfants et les emmenèrent sur-le-champ, sans même que les gardes nationaux sussent ce qu'elles étaient devenues : la petite famille était en sûreté.

Jusqu'à neuf heures du matin, la maison fut assez tranquille ; mais, à cette heure, on vint en toute hâte prévenir la sœur supérieure qu'un délégué de la Commune venait pour l'arrêter. Elle descendit au-devant de lui sans se troubler ; elle n'était pas au bas de l'escalier que ce délégué, qui n'était autre qu'un repris de justice ayant passé plusieurs années en prison et dont l'air farouche disait assez ce qu'il était, levant la main comme pour la mettre sur l'épaule de la sœur, lui dit:

— Madame, je vous enjoins, au nom de la Commune, de ne pas sortir d'ici, de ne laisser sortir personne ou aucun objet, où je vous arrête.

— Monsieur, dit la sœur, vous n'avez pas besoin d'employer la menace, nous ne sortirons pas. Sept de nos sœurs devaient partir aujourd'hui, elles attendront le bon vouloir de MM. de la Commune et elles ne partiront que quand ces messieurs leur permettront d'emporter leur linge et leurs vêtements.

— Madame, reprit le délégué, quelques-unes d'entre vous doivent partir. A quelle heure?

— A onze heures.

— Capitaine, soyez ici pour faciliter le départ de ces dames.

Et il se retira, en saluant, avec tout son cortége.

Environ un quart d'heure après, on accourut chercher encore la sœur Amélie.

— Vite, vite, ma sœur, ils sont rue Jenner, et ils vous demandent à la petite maison.

Elle y courut en toute hâte avec deux de ses sœurs et deux jeunes filles du patronage qui ne voulurent pas la quitter. Comme elle se sentait fort émue et que le feu de l'indignation lui montait au cœur:

— Mes enfants, dit-elle à ses deux petites compagnes, disons une prière à nos bons anges pour qu'ils arrangent tout pour le mieux.

Et le calme revint dans son esprit; mais en entrant dans le terrain qui entoure la petite maison, elle le vit occupé par une vingtaine d'hommes armés, et elle se sentit un moment de défaillance; et, craignant de se trouver mal, ce qu'elle voulait éviter, elle dit à ces hommes :

— Messieurs, je me sens fatiguée, on le serait à moins, permettez qu'on me passe une chaise.

— Madame, dirent-ils tous avec le délégué, c'est trop juste, et l'un d'entre eux ajouta en la regardant :

— Pauvre petite femme, que d'émotions nous lui faisons. Elle n'a que la peau et les os, mais elle a une fière énergie.

La sœur s'assit alors devant la porte de la maison, dans le grand terrain, et là, entourée de tous ces hommes et sans se déconcerter, elle leur tint ce langage :

— Messieurs, vous ne savez pas où vous êtes ici. Cette propriété n'appartient ni à la Ville de Paris ni à l'Assistance publique. C'est une propriété particulière dont j'ai fait l'acquisition il y a deux ans. Elle m'appartient non pas comme bien de communauté, mais comme bien particulier, et je ne sache pas que la Commune ait fait un décret qui autorise les perquisitions de nuit dans les propriétés particulières.

A ces mots, le délégué lui remit un papier qui venait de la mairie ou du 9ᵉ secteur.

— Monsieur, continua-t-elle, je ne reconnais pàs à la mairie le droit d'autoriser des perquisitions; elles ne peuvent être ordonnées que par l'Hôtel de ville et l'ordre doit être signé par les membres de la Commune. Messieurs, sans un tel mandat, je n'ouvrirai aucune porte de ma maison.

Messieurs, pour s'expliquer ce que vous avez fait ici cette nuit, il faudrait remonter aux temps barbares. Ne pouviez-vous venir me trouver et me demander de vous montrer cette maison? Mais non, vous êtes venus comme des sauvages éveiller, effrayer de pauvres enfants qui sont les vôtres. Oui, messieurs, ce sont les enfants du peuple, les enfants de ce pauvre quartier. Leurs mères mourantes me les ont confiées; je les ai adoptées, ces enfants, et je n'ai pas failli à la tâche que je m'étais imposée. Nous avons ensemble souffert toutes les privations du siége, nous avons bravé toutes les terreurs du bombardement, et lorsque, pour les remettre de leurs fatigues, je les loge ici, pensant que le bon air leur sera salutaire, c'est là, messieurs, que vous venez les tourmenter! Non, les expressions me manquent pour rendre mon indignation. Ce que vous avez fait est un acte inique. Il sera consigné dans les annales de l'histoire, et si j'en avais le pouvoir comme la volonté, je l'afficherais à tous les coins de rue. Je ne me connais pas beaucoup aux lois, mais il me semble que, en bonne justice, pour cet acte, vous mériteriez tous d'être fusillés.

Ainsi s'exprima la sœur Amélie; j'ai transcrit ses paroles telles qu'elles me les a rapportées elle-même. Je me serais bien gardé de modifier en quoi que ce soit les expressions de cette éloquence si simple et pourtant si vive que tout l'art de la rhétorique ne saurait apprendre, parce qu'elles partent spontanément du cœur et de la conscience d'un grand devoir. L'effet qu'elles produisirent sur les auditeurs fut immédiat. L'étonnement d'abord, puis l'embarras, la honte et le remords peut-être agissaient successivement sur ces natures quelque grossières qu'elles fussent. Le délégué rompit enfin le silence :

— Madame, dit-il, je suis forcé de convenir que vous avez raison, vous êtes parfaitement dans votre droit. Nous avons été mal informés. Nous n'avons rien à faire ici. Lieutenant, emmenez vos hommes.

Tous partirent à l'instant, laissant la bonne sœur étonnée de sa victoire et avec une preuve de plus de la vérité de ces paroles de l'Écriture :

Infirma mundi elegit Deus ut confundat fortia.

Cependant le capitaine qui avait promis de revenir à onze heures pour faciliter le départ des sœurs n'arrivait pas; la supérieure, craignant qu'elles ne manquassent le train, lui envoya une jeune fille employée dans la maison pour le chercher. Il la reçut fort poliment et lui dit :

— Que madame la supérieure fasse tout ce qu'elle voudra, elle est entièrement libre.

— Non, monsieur, dit la jeune messagère, nous avons des gardes nationaux qui sont presque tous ivres, ils ne voudront pas me croire. Si vous ne pouvez pas venir, donnez-moi un de vos hommes.

Il appela un caporal et lui dit :

— Vous irez chez les sœurs, et vous laisserez sortir toutes celles qui le voudront, ainsi que leurs bagages.

Puis, s'adressant à la jeune fille :

— Y a-t-il longtemps, lui dit-il, que vous êtes chez les sœurs?

— Il y a seize ans.

— En ce cas, vous me comprendrez. Cependant je ne devrais pas vous dire cela. Mais c'est égal, écoutez-moi : Les personnes qu'on a mises à la place des sœurs ont été trompées comme moi. Ces dames et moi, on nous conduit à notre perte, et je suis père de cinq enfants. Mais soyez tranquille, les sœurs reviendront à leur place.

— Mais, monsieur, vous avez l'air d'un brave homme; comment se fait-il que vous soyez venu cette nuit avec de pareille canaille?

— Oh! mademoiselle, que voulez-vous, j'étais sans ouvrage, et j'ai cinq enfants; on m'a fait marcher, j'ai obéi pour leur donner du pain. Mais dites bien à madame la supérieure que je déplore mon expédition de la rue Jenner; la vue de tous ces petits enfants m'a profondément touché; je ne les oublierai jamais. Dites à la bonne sœur supérieure que je la prie de me pardonner et de ne pas oublier le capitaine du 177ᵉ bataillon...

Depuis ce moment on ne le revit plus. On croit que, le 14 mai, il se rendit avec toute sa compagnie à l'armée de Versailles. Voilà, du reste, ce qu'était une grande partie des troupes de la Commune, pauvres gens et bons pères de famille qui se battaient moitié par force, moitié par entraînement et surtout pour gagner de quoi vivre.

Cependant les sœurs qui devaient partir s'étaient acheminées vers la gare du Nord où elles eurent à souffrir quelques difficultés pour la visite de leurs effets, ce qui leur fit manquer le premier train; mais elles purent partir par le train suivant et arrivèrent sans autre incident à Compiègne.

A partir de ce moment, celles qui étaient restées rue du Banquier ne furent plus inquiétées; mais on les faisait toujours garder par un piquet de gardes nationaux, et on leur envoya successivement des détachements du 42ᵉ, du 134ᵉ, etc. Tous se conduisirent convenablement et avec beaucoup d'égards pour les sœurs. Parmi eux se trouvaient encore un grand nombre de braves gens et de bons pères de famille qui ne faisaient leur service que parce qu'ils y étaient forcés et tâchaient de rendre aux pauvres sœurs tous les services qui dépendaient d'eux. Ils furent remplacés par un bataillon du onzième arrondissement qui était venu camper sur le boulevard de l'Hôpital pour prêter secours aux compagnies de marche ; ils avaient été chargés de garder la maison des sœurs ; mais après y avoir arboré le drapeau rouge, ils allèrent se coucher et on ne les revit plus.

Le dimanche 21, un délégué de l'Assistance publique vint faire l'inventaire du mobilier de la maison ; il n'apporta, du reste, dans l'exercice de sa mission, aucune hostilité ; il assura les sœurs qu'elles ne quitteraient pas la maison, et que celles qui étaient parties seraient rappelées. Il était facile de voir que le règne de la Commune touchait à son terme et que ses jours étaient comptés. Toutefois, les convulsions de son agonie devaient encore se faire sentir dans l'asile des bonnes sœurs.

Le mercredi 24, la même portière qui avait déjà dénoncé l'établissement et lui avait attiré ses premières persécutions, vint au commissariat de police lui annoncer que des Versaillais étaient sur les toits de la maison ; on ne l'écouta pas ; elle se rendit alors au secteur, où elle trouva plus de créance, et, vers une heure de l'après-midi, la maison fut encore cernée ; quelques hommes montèrent sur les toits tandis que d'autres gardaient la porte. La bonne sœur Amélie vint parler à ceux-ci, et leur dit :

— Mais vous voyez bien qu'on vous a fait des

contes, vous perdez votre temps et vous ne trouverez personne.

— Nous le savons bien, dit l'un d'eux en haussant les épaules, mais vous me connaissez bien, ma sœur, je suis un tel.

Et tous alors de dire leurs noms; c'étaient tous des gens du quartier, heureux de se faire reconnaître et de remercier les sœurs de l'assistance qu'elles leur avaient donnée à tous. Le capitaine lui-même dit en remettant son revolver dans sa gaîne :

— Ma sœur, vous êtes une brave et digne femme; nous n'oublierons jamais ce que vous avez fait pour nous cet hiver. On nous a fait un faux rapport, et nous sommes venus, mais ne craignez rien.

Mes amis, dit-il à sa troupe, déchargez vos fusils et partons.

Enfin le dénoûment approchait. Le jeudi 25, une des sœurs trouva dans la salle d'attente deux jeunes gardes nationaux qui s'étaient enfuis des Hautes-Bruyères et qui se cachaient de peur d'être pris par l'armée de Versailles. Ces jeunes gens étaient du quartier du Palais-Royal.

— Nous aurions mieux fait, disaient-ils, de travailler pendant deux mois, que de faire ce que nous avons fait.

— Ma sœur, décousez-nous nos galons, l'armée de Versailles est au bas de la rue, on nous envoie pour faire une barricade; mais nous n'en ferons rien.

Et ils partirent. Un moment après on amenait une pièce de canon pour la placer sur la barricade ; mais ne la trouvant pas faite, après quelques moments d'hésitation, les hommes remmenèrent leur pièce. L'heure de la délivrance allait sonner, mais non sans que les pauvres sœurs eussent encore à subir quelques angoisses. Vers midi, une décharge de coups de fusil fit trembler toutes les vitres de la maison. Cachées sous un escalier, les sœurs attendaient avec anxiété ce que signifiait cette fusillade qui continuait incessamment. Enfin des pas d'hommes se firent entendre dans l'escalier ; la sœur Amélie s'avança hors de sa cachette et reconnut deux hommes en pantalon rouge et le sac sur le dos.

— Mais ne seriez-vous pas de Versailles ?

— Oui, ma sœur, dit un sergent tout étonné de se trouver en face d'une cornette quand il s'attendait à rencontrer des communeux.

— Comment, vous êtes de Versailles, et vous faites des peurs comme ça au pauvre monde ; mais ce n'est pas raisonnable.

— N'ayez pas peur, ma bonne sœur, c'est pour enlever le drapeau rouge.

Ce qui fut fait incontinent.

En achevant ce récit, la bonne sœur Amélie, de la bouche de laquelle j'en ai recueilli la plus grande partie, me disait :

— Vraiment, nous avons de grandes grâces à rendre à Notre-Seigneur. Par saint Joseph et saint Marcel nous avons été secourues du ciel d'une façon merveilleuse; nos pauvres ont été très-convenables, et, pendant ces deux longs mois du règne de la Commune, nous n'avons jamais été insultées. Nous avons pu continuer à servir les pauvres comme par les jours les plus calmes. Notre chère et pauvre église n'a jamais été fermée, et lorsque les gardes nationaux du onzième arrondissement, campés sur le boulevard, ont passé pour s'abriter la nuit dans l'église, ils nettoyaient, balayaient et remettaient les chaises en place, si bien que pour la messe de six heures tout était en ordre.

On peut bien croire que ce jugement de la bonne sœur se ressent de la douce et pieuse charité qui la retient depuis tant d'années au milieu de ces populations à moitié sauvages; mais il est consolant de reconnaître que tant de dévouement n'a pas été tout à fait perdu. La reconnaissance, vertu bien rare de nos jours, pénétrait enfin dans ces âmes trop souvent grossières et incultes; plusieurs, dès les premiers jours du règne de la Commune, prévoyant la persécution dont les communautés pourraient être l'objet, étaient venus offrir aux sœurs de petits appartements, et ce fut une femme du marché, bonne et pieuse, qui donna la première l'exemple et proposa aux sœurs de les prendre chez elle en les assurant que quand même la crise durerait trois mois, elle pourvoirait à tous leurs besoins.

Les jeunes filles du patronage furent d'un dévouement admirable. Toutes se rendaient exactement aux offices de la paroisse sous la surveillance de l'une d'elles. Le jour de l'Ascension, un très-grand nombre d'entre elles firent spontanément la sainte Communion. On peut donc croire, que rentrées après cela dans leurs familles, elles ne pouvaient qu'y exercer la plus heureuse influence, et il est certain que, depuis dix ans, l'empire de la religion a fait des progrès réels au milieu de ces pauvres populations qui, jusque-là, ne connaissaient le nom de Dieu que pour le blasphémer et le maudire.

Tandis que ces faits se passaient à la maison de secours de la rue du Banquier, des scènes analogues avaient lieu non loin de là dans un autre établissement de charité de ce même faubourg. La maison de Sainte-Rosalie, fondée en 1860, en mémoire de la sœur Rosalie, qui fut pendant dix ans la providence des malheureux habitants du quartier de Saint-Médard. Le fondateur de cette maison a voulu perpétuer le souvenir des œuvres de cette sainte fille de la charité, et a confié aux prêtres de saint Lazarre, dignes enfants de saint Vincent de Paul, la direction de ces différentes œuvres. De vastes bâtiments ont été construits pour les abriter. Là se trouvent un patronage pour les jeunes gens, une bibliothèque, des écoles de filles et de garçons, une confrérie dite la Sainte-Famille, une œuvre pour la légitimation des mariages, etc. La Commune devait aussi porter une main sacrilége sur ce pieux établissement qu'elle ne pouvait laisser en paix. Un mandat

d'arrêt fut d'abord lancé contre M. l'abbé Heard,
directeur de la maison. Celui-ci n'en tint compte,
et, grâce au désordre qui régnait dans toute cette
administration communale, ce mandat ne fut pas
exécuté. Mais, le 22 mai, le colonel Cerisier vint
au nom de la Commune s'emparer de toute la
maison, soi-disant pour y établir un point de dé-
fense. Deux barricades furent immédiatement
construites aux deux extrémités de la maison,
une donnant sur la rue Corvisart, l'autre sur le
boulevard d'Italie. Le soir du même jour, une
compagnie du 176ᵉ (capitaine Roux, lieutenant
Simon) est venue occuper les salles du patronage.
Ces hommes, très-différents des premiers, se
montrèrent très-bienveillants pour les habitants
de la maison, car, dans les rangs de cette garde
nationale, il y avait assez d'honnêtes gens pour
résister, s'ils l'avaient voulu, à la tyrannie de la
Commune; mais la peur, il faut bien le dire, avait
paralysé tous ces hommes de bonne volonté qui
se contentaient de gémir en silence et obéissaient
sans mot dire à un pouvoir qu'ils méprisaient.
S'ils avaient su ou voulu s'entendre, n'eussent-
ils opposé qu'une force d'inertie, le gouvernement de la Commune n'aurait pas duré huit jours.
Ceux-ci, au surplus, ne restèrent à Sainte-Rosalie que quelques jours, pendant lesquels ils en-
tretinrent avec les Pères d'excellents rapports et
n'eurent pour eux que de bons procédés. Mais,
dans la nuit du 23, ils furent remplacés par d'autres gardes nationaux envoyés pour faire une

perquisition dans la chapelle, sous le prétexte que les Pères entretenaient des intelligences avec Versailles. L'abbé Heard, supérieur de la maison, les accompagna dans leur expédition sans qu'ils se doutassent de sa qualité, et ils le laissèrent en liberté. Mais il n'en fut pas de même pour M. l'abbé Fressange, son confrère. Celui-ci vint se joindre à eux pendant le cours de la visite; ils le prirent sans doute pour le supérieur, et, l'ayant arrêté, le firent conduire aux Gobelins, où siégeait une partie de l'état-major, d'où on l'envoya à la prison disciplinaire du 9ᵉ secteur, avenue d'Italie, nᵒ 38; il était une heure du matin. Son supérieur étant parvenu à se soustraire à la surveillance de ses inquisiteurs, courut aux Gobelins pour le réclamer, sans se douter du danger qu'il courait lui-même. Il dut à son sang-froid et à la protection du capitaine Roux de n'avoir pas été emprisonné comme son malheureux confrère, dont il ne put toutefois obtenir la mise en liberté. Mais celui-ci put lui faire parvenir deux lettres à cinq heures et à neuf heures du matin pour demander son bréviaire et quelques vêtements. Puis, vers midi, les enfants de l'école, accompagnés de leurs parents, vinrent le voir et lui apporter, avec les témoignages de leur sympathie, quelques rafraichissements dont il avait grand besoin. A une heure et demie on le conduit à la barricade où on le force à prendre part aux travaux; là il est l'objet tantôt des injures et des démonstrations hostiles de la population, tantôt

des expressions sympathiques et de la commisé-
ration de quelques âmes plus charitables. Enfin, à
six heures du soir, un lieutenant de la Commune,
ancien élève de Vaugirard, le reconnaissant
comme prêtre à son costume, et indigné des mau
vais traitements qu'on lui faisait subir, le prend
en pitié et le conduit aux Gobelins où il obtient
la permission de passer la nuit sur un lit de
camp. Nous regrettons de ne pouvoir citer le nom
de ce brave officier, mais sa conduite est une
preuve de plus à l'appui de ce que nous disions
tout à l'heure à propos de ce singulier mélange
de bon et de mauvais dont se composait la garde
nationale. Les éléments de l'ordre étaient encore
assez nombreux parmi ceux que commandait notre
jeune sous-lieutenant, puisqu'aucun d'eux ne
s'opposa à sa résolution, et que tous, au contraire,
y applaudirent. Il est probable qu'il en était de
même dans toutes les autres légions. Il y avait
donc là une force de résistance assez grande pour
opposer une digue au torrent et empêcher les
sanglants événements qui ne tardèrent pas à
s'accomplir, et que la Providence a voulu permet-
tre, comme elle a permis le sacrifice du Calvaire,
afin que le sang innocent servît encore une fois
d'expiation aux crimes et aux scandales de la
grande Babylone.

Revenons au prisonnier des Gobelins. Il fut
heureux pour lui de n'avoir pas été reconduit au
boulevard d'Italie, car il y aurait eu probable-
ment le triste sort des PP. dominicains. Au lieu

de cela, il trouva aux Gobelins quelques employés
du secteur qui furent pour lui remplis d'attention
et de bons procédés, et comme dans la matinée
du 24 les obus arrivèrent en grand nombre, on
finit par déclarer que la vie des citoyens y était
en danger, et vers deux heures on ramena
M. l'abbé Fressange à Sainte-Rosalie. Des événements graves s'y étaient passés dans la matinée. Vers huit heures et demie des coups de fusil
sont tirés autour de la communauté par quelques
gardes du 101ᵉ qui viennent ensuite accuser les
missionnaires d'avoir tiré sur le peuple. Deux
d'entre eux, un capitaine et un lieutenant, se pré-
cipitèrent dans la maison pour la fouiller ; ils montèrent au deuxième étage, et là, dans une petite
chambre, ils découvrent... un pantalon rouge qui
leur paraît une pièce de conviction dont ils s'em-
parent avec des cris de joie et de fureur. Ils veu-
lent arrêter l'abbé Heard, et, lui mettant deux
revolvers sur la gorge, exigent l'explication de la
présence de cet uniforme. Il appartenait à un
ancien infirmier d'ambulance pendant la guerre
contre les Prussiens. La guerre finie, cet homme
était resté dans la maison où, sous un habit bour-
geois, il était employé comme maître d'école.
L'embarras du supérieur était grand ; s'il disait la
vérité, le pauvre soldat, qui assistait à cette
scène, était fusillé à l'instant comme déserteur.
L'abbé Heard tourna adroitement la difficulté :

— Messieurs, dit-il à ces forcenés, je vous
rappellerai que tout l'hiver nous avons eu ici une

ambulance; est-il donc étonnant qu'il soit resté un pantalon rouge dans une maison où tant de pauvres soldats sont morts de leurs blessures ?

Les deux bandits acceptent cette explication ; ils sortent brusquement et jettent l'uniforme en pâture à une foule de femmes ameutées à la porte de la maison. L'abbé Heard, enhardi par ce premier succès, descend derrière eux, harangue la foule et finit par en appeler à la décision du capitaine Roux. La populace, à moitié convaincue, gardait le silence. Le capitaine intervient alors et déclare qu'il est seul chargé de garder la maison. Il donne gain de cause au supérieur et la foule finit par se dissiper; mais tous n'étaient pas satisfaits, et la noble conduite du capitaine lui valut une dénonciation à la mairie, suivie d'une condamnation à mort contre lui et toute sa compagnie, condamnation absurde à laquelle il eut le temps de se soustraire avec tous ses hommes.

Ce même jour 24, ils sont remplacés par le 101ᵉ bataillon, qui arrive escorté d'un dépôt de poudres qu'on installe dans la maison et dont un garde national avoue la destination; il ne s'agissait de rien moins que de faire sauter l'établissement et peut-être tout le quartier. Quelques gardes nationaux dévoués aux missionnaires et reconnaissants des bienfaits qu'ils en avaient reçus, font de généreux efforts pour persuader au supérieur de venir se réfugier dans leurs maisons; mais celui-ci ne voulut pas consentir à quitter son poste. La nuit fut terrible. Les détonations de mousqueterie incessantes, plusieurs incendies dans le voisinage, tout faisait craindre à chaque instant l'explosion du dépôt de poudres. La maison, en un mot, était devenue le théâtre d'un combat acharné. Cependant la délivrance approchait. Le 25, à cinq heures du matin, le supérieur put encore offrir le saint Sacrifice et donner la Communion à son confrère l'abbé Fressange. Toute cette sainte cérémonie se passait au milieu des balles et des obus qui pleuvaient de toute part et qui annonçaient du moins l'approche des Versaillais. Les communards commençaient à se décourager, mais ils n'en montraient que plus de fureur et de rage contre l'habit ecclésiastique quand ils le rencontraient dans la maison, et cependant l'abbé Heard et son confrère n'y circulaient que pour porter des secours aux blessés ou des consolations aux mourants. Vers neuf heures commence une fusillade qui ne cesse qu'à quatre heures du soir. Les fenêtres de la maison volent en éclats; les cloisons mêmes sont perforées, il fallut bien se réfugier dans les caves, car la vie des habitants courait les plus grands dangers. Un commencement d'incendie s'était déclaré dans la maison voisine. On fit un vœu à saint Joseph et à la sainte Vierge, et l'incendie s'éteignit. Enfin, à trois heures, les Vengeurs de la République abandonnent les barricades avec des cris de rage et de désespoir; mais ils rentrent une dernière fois dans la maison, cherchant partout les pauvres prêtres pour se venger sur eux de leur sanglante défaite. On les avait entraînés de nouveau dans les caves, et la présence d'esprit d'une excellente femme, madame Dumont, concierge de la maison, leur sauva la vie.

— Voilà les soldats de Versailles, cria-t-elle avec l'accent du désespoir.

A ce cri, la panique s'empare de ces brigands qui se sauvent à toutes jambes pour ne plus revenir. Je n'ai pas besoin d'ajouter avec quels transports de joie nos amis se virent délivrés. Cette joie était cependant mêlée de tristesse à la vue de tant de désastres. La maison criblée de projectiles, le sol jonché de cadavres présentaient un aspect lamentable. Ainsi des naufragés jetés par la tempête sur un rivage désert contemplent avec douleur les débris de leur navire et pourtant se jettent à genoux sur la grève solitaire et rendent grâce à la Providence qui les a miraculeusement sauvés de la mort. Ainsi nos bons Pères lazaristes s'empressèrent d'accomplir les vœux qu'ils avaient faits au moment du danger, et, comme leurs sœurs de la rue du Banquier, célébrèrent leur délivrance par des prières et des actions de grâce, précédées d'une retraite de cinq jours que vint leur prêcher un Père capucin, oubliant avec bonheur les mauvais jours de cette Commune qui, au milieu de ses folles saturnales, avait cru, en massacrant un archevêque et quelques religieux, anéantir à jamais l'Église de Jésus-Christ, le dogme catholique et le culte de Dieu.

Typ. Rouge frères et Cie, rue du Four-Saint-Germain, 43.